Impressum
Verlag: BABADADA GmbH, Nedderfeld 112 , 22529 Hamburg
Geschäftsführer / Verlagsleitung: Harald Hof
Druck: Books on Demand GmbH, In de Tarpen 42, 22848 Norderstedt

Imprint
Publisher: BABADADA GmbH, Nedderfeld 112 , 22529 Hamburg, Germany
Managing Director / Publishing direction: Harald Hof
Print: Books on Demand GmbH, In de Tarpen 42, 22848 Norderstedt

1

escuela
σχολείο

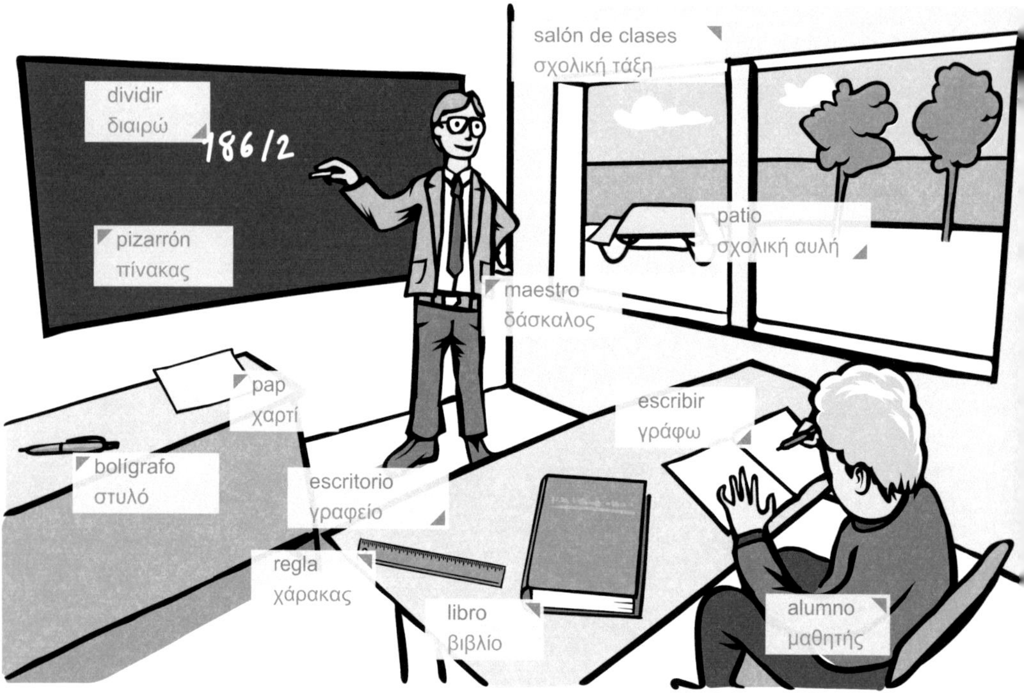
salón de clases
σχολική τάξη
dividir
διαιρώ
186/2
pizarrón
πίνακας
patio
σχολική αυλή
maestro
δάσκαλος
pap
χαρτί
escribir
γράφω
bolígrafo
στυλό
escritorio
γραφείο
regla
χάρακας
libro
βιβλίο
alumno
μαθητής

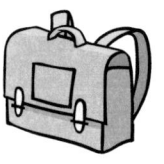

mochila

σχολική τσάντα

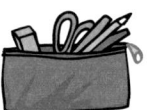

caja de lápices

κασετίνα/ μολυβοθήκη

lápiz

μολύβι

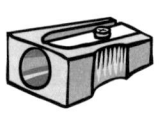

sacapuntas

ξύστρα

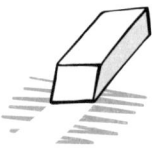

goma de borrar

γόμα

bloc de dibujo

μπλοκ ζωγραφικής

dibujo

ζωγραφική

pincel

πινέλο

caja de lápices de color

κουτί χρωμάτων

tijeras

ψαλίδι

pegamento

κόλλα

libro de ejercicios

τετράδιο ασκήσεων

tarea

εργασία για το σπίτι

número

αριθμός

sumar

προσθέτω

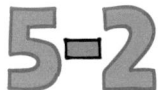

restar

αφαιρώ

multiplicar

πολλαπλασιάζω

calcular

υπολογίζω

letra

γράμμα

alfabeto

αλφάβητο

palabra

λέξη

texto

κείμενο

leer

διαβάζω

tiza

κιμωλία

lección

μάθημα

cuaderno de clase

εγγράφομαι

examen

τεστ

certificado

πιστοποιητικό

uniforme

μαθητική στολή

educación

εκπαίδευση

enciclopedia

εγκυκλοπαίδεια

universidad

πανεπιστήμιο

microscopio

μικροσκόπιο

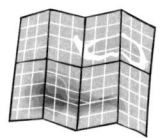

mapa

χάρτης

bote de basura

καλάθι αχρήστων

escuela - σχολείο

viaje
ταξίδι

hotel
ξενοδοχείο
Grand
hostel
ξενώνας
ROOMS
casa de cambio
ανταλλακτήρια συναλλάγματος
maleta
βαλίτσα
carro
αυτοκίνητο

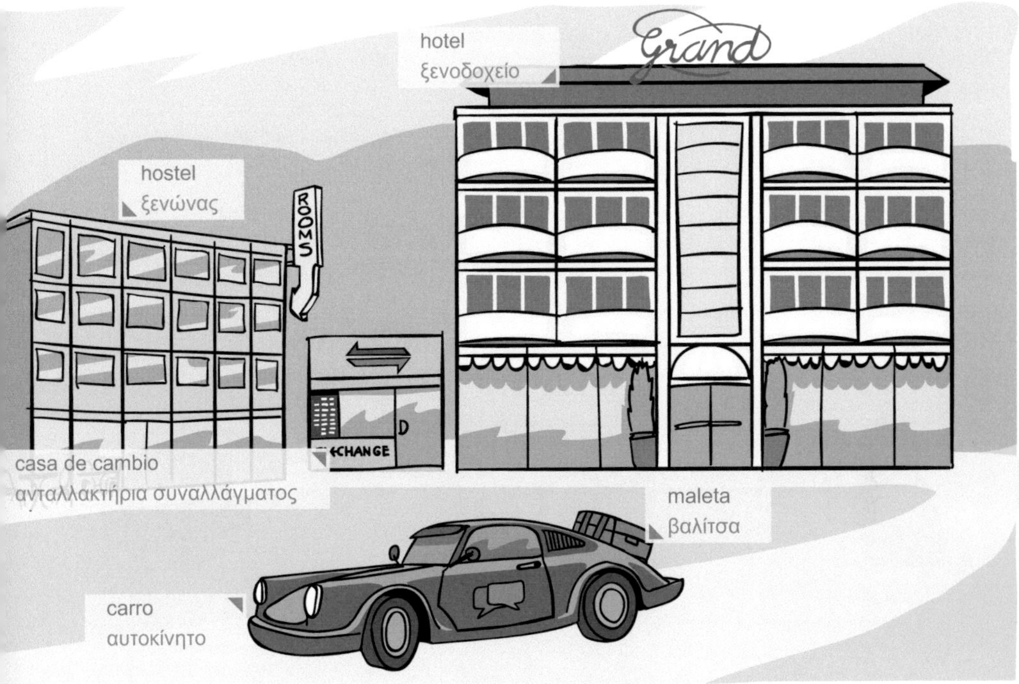

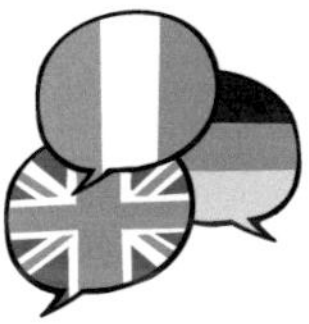

idioma

γλώσσα

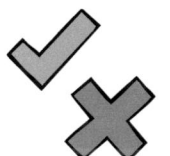

sí / no

ναι / όχι

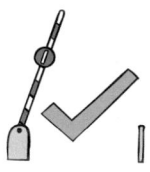

Órale

εντάξει

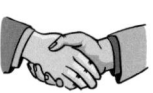

hola

γεια σου

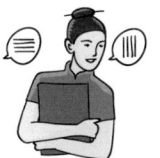

traductor

μεταφραστής

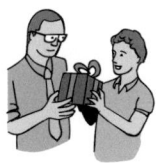

Gracias

Ευχαριστώ

¿cuánto cuesta…?

πόσο κάνει ;

No entiendo

Δε καταλαβαίνω

problema

πρόβλημα

¡Buenas tardes!

Καλησπέρα!

¡Buenos días!

Καλημέρα!

¡Buenas noches!

Καληνύχτα!

adiós

Αντίο

dirección

κατεύθυνση

equipaje

αποσκευές

bolsa

τσάντα

mochila

σακίδιο πλάτης

invitado

καλεσμένος

recámara

δωμάτιο

bolsa de dormir

υπνόσακος

tienda de campaña

σκηνή

información turística

τουριστικές πληροφορίες

playa

παραλία

tarjeta de crédito

πιστωτική κάρτα

desayuno

πρωινό

almuerzo

μεσημεριανό

cena

δείπνο

billete

εισιτήριο

ascensor

ανελκυστήρας

sello

γραμματόσημο

frontera

σύνορα

aduana

τελωνείο

embajada

πρεσβεία

visa

βίζα

pasaporte

διαβατήριο

transporte

μεταφορά

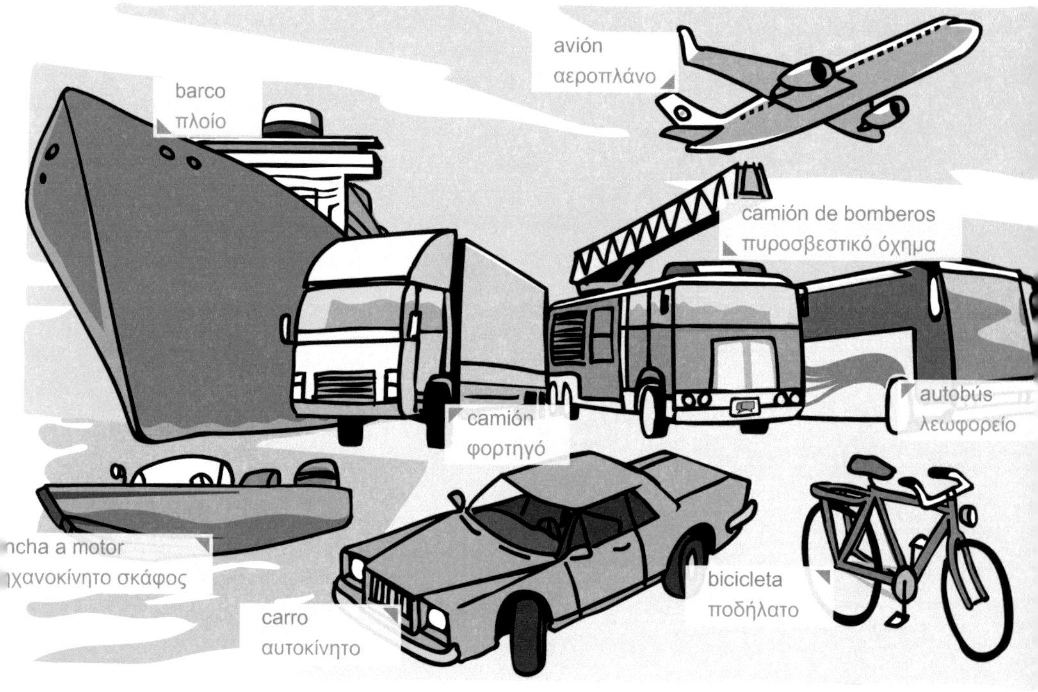

avión
αεροπλάνο
barco
πλοίο
camión de bomberos
πυροσβεστικό όχημα
autobús
λεωφορείο
camión
φορτηγό
ncha a motor
χανοκίνητο σκάφος
bicicleta
ποδήλατο
carro
αυτοκίνητο

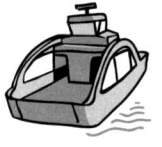

ferry

φεριμπότ

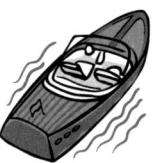

bote

βάρκα

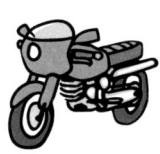

motocicleta

μοτοσικλέτα

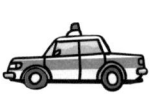

patrulla

περιπολικό

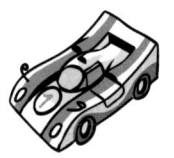

coche de carreras

αγωνιστικό αυτοκίνητο

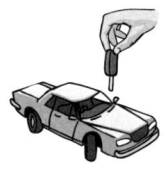

auto para rentar

ενοικιαζόμενο αυτοκίνητο

renta de autos	grúa	camión recolector de basura
διαμοιρασμός αυτοκινήτων	γερανός	απορριμματοφόρο

motor	gasolina	gasolinera
κινητήρας	καύσιμο	βενζινάδικο

 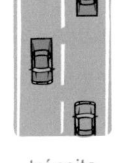 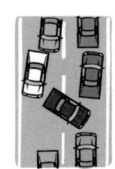

señal de tráfico	tránsito	embotellamiento
πινακίδα σήμανσης	κυκλοφορία	κυκλοφοριακή συμφόρηση

aparcamiento	estación de tren	vías
χώρος στάθμευσης	σιδηροδρομικός σταθμός	σιδηροδρομικές γραμμές

  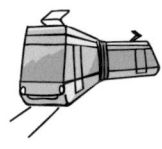 

tren	tranvía	vagón
τρένο	τραμ	βαγόνι

helicóptero
ελικόπτερο

aeropuerto
αεροδρόμιο

torre
πύργος

pasajero
επιβάτης

contenedor
εμπορευματοκιβώτιο

caja de cartón
χαρτοκιβώτιο

carretilla
καρότσι

cesta
καλάθι

despegar / aterrizar
απογειώνομαι /
προσγειόνομαι

ciudad
πόλη

pueblo
χωριό

centro de ciudad
κέντρο της πόλης

casa
σπίτι

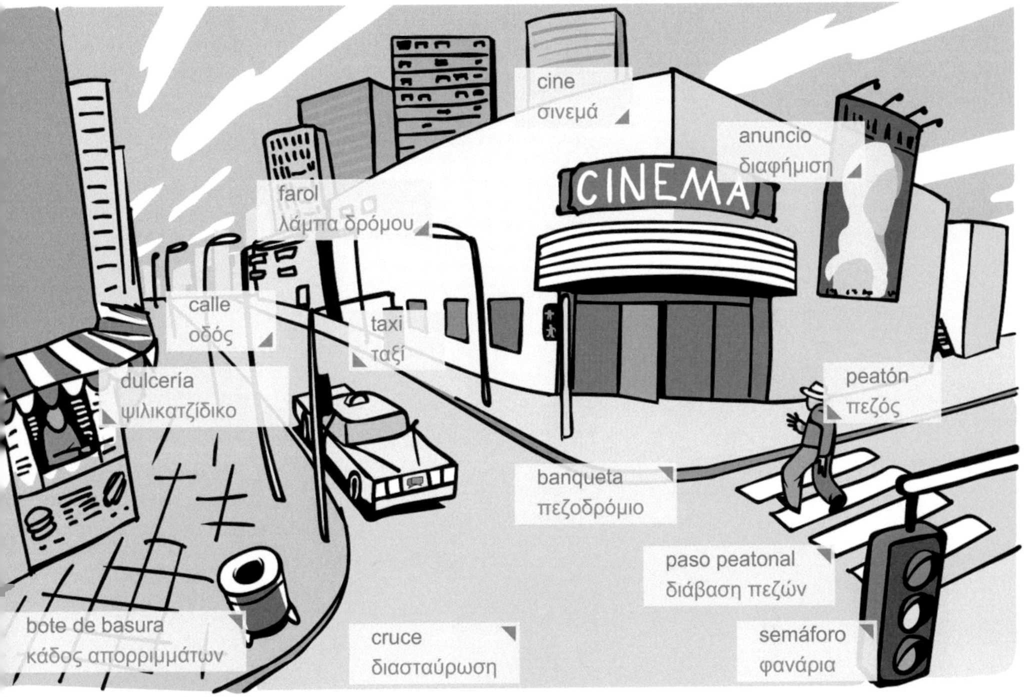

cine
σινεμά

anuncio
διαφήμιση

farol
λάμπα δρόμου

calle
οδός

taxi
ταξί

peatón
πεζός

dulcería
ψιλικατζίδικο

banqueta
πεζοδρόμιο

paso peatonal
διάβαση πεζών

bote de basura
κάδος απορριμμάτων

cruce
διασταύρωση

semáforo
φανάρια

cabaña

καλύβα

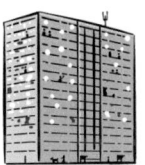

apartamento

διαμέρισμα

estación de tren

σιδηροδρομικός σταθμός

ayuntamiento

δημαρχείο

museo

μουσείο

escuela

σχολείο

ciudad - πόλη

universidad

πανεπιστήμιο

banco

τράπεζα

hospital

νοσοκομείο

hotel

ξενοδοχείο

farmacia

φαρμακείο

oficina

γραφείο

librería

βιβλιοπωλείο

tienda

κατάστημα

florería

ανθοπωλείο

supermercado

σούπερ μάρκετ

mercado

αγορά

grandes tiendas

πολυκατάστημα

pescadería

ιχθυοπωλείο

centro comercial

εμπορικό κέντρο

puerto

λιμάνι

ciudad - πόλη

parque

πάρκο

banco

παγκάκι

puente

γέφυρα

escaleras

σκάλες

metro

μετρό

túnel

τούνελ

parada de autobús

στάση λεωφορείου

bar

μπαρ

restaurante

εστιατόριο

buzón

γραμματοκιβώτιο

letrero

πινακίδα δρόμου

parquímetro

παρκόμετρο

zoológico

ζωολογικός κήπος

alberca

πισίνα

mezquita

τζαμί

granja

αγρόκτημα

contaminación

ρύπανση

cementerio

νεκροταφείο

iglesia

εκκλησία

área de niños

παιδική χαρά

templo

ναός

paisaje
τοπίο

hoja
φύλλο

señal
πινακίδα κατεύθυνσης

camino
δρόμος

pradera
λιβάδι

piedra
πέτρα

caminante
πεζοπόρος

árbol
δέντρο

río
ποτάμι

pasto
χορτάρι

flor
λουλούδι

valle

κοιλάδα

montaña

λόφος

lago

λίμνη

bosque

δάσος

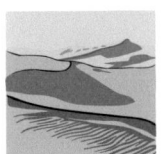

desierto

έρημος

volcán

ηφαίστειο

castillo

κάστρο

arco iris

ουράνιο τόξο

champiñón

μανιτάρι

palmera

φοίνικας

mosquito

κουνούπι

mosca

μύγα

hormiga

μυρμήγκι

abeja

μέλισσα

araña

αράχνη

paisaje - τοπίο

escarabajo
σκαθάρι

rana
βάτραχος

ardilla
σκίουρος

erizo
σκαντζόχοιρος

liebre
λαγός

lechuza
κουκουβάγια

pájaro
πουλί

cisne
κύκνος

jabalí
αγριογούρουνο

ciervo
ελάφι

alce
άλκη

embalse
φράγμα

turbina eólica
ανεμογεννήτρια

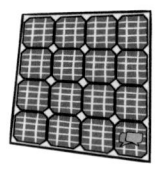

pansolar
ηλιακός συλλέκτης

clima
κλίμα

restaurante
εστιατόριο

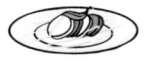

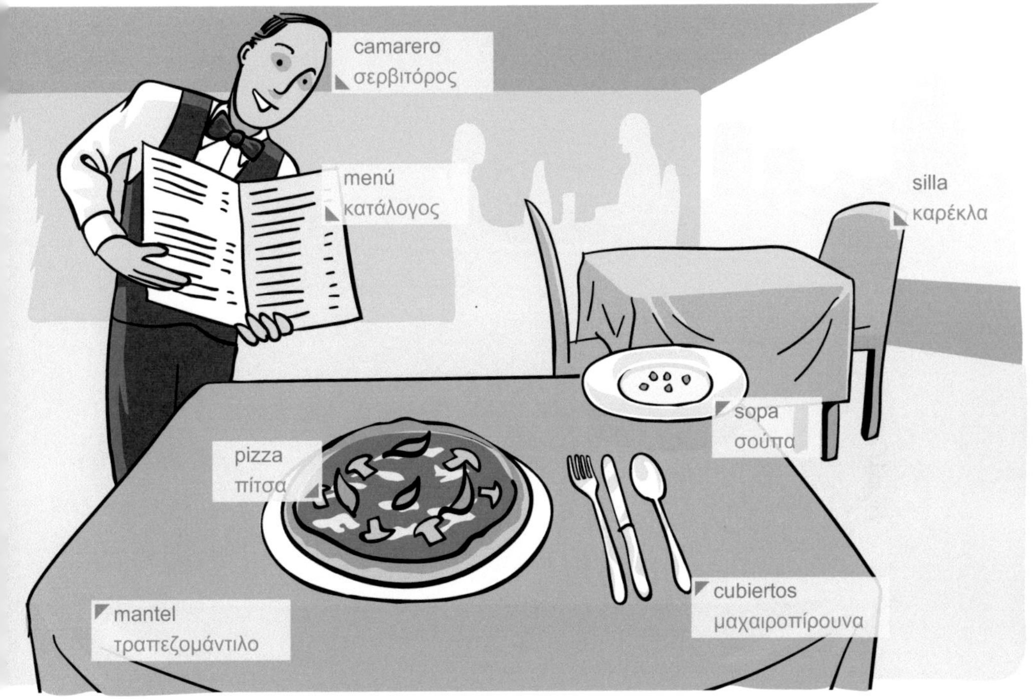
camarero
σερβιτόρος
menú
κατάλογος
silla
καρέκλα
sopa
σούπα
pizza
πίτσα
cubiertos
μαχαιροπίρουνα
mantel
τραπεζομάντιλο

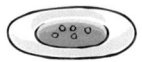

entrada

ορεκτικό

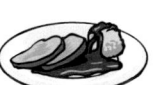

plato fuerte

κύριο πιάτο

postre

επιδόρπιο

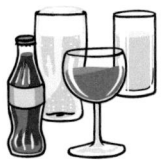

bebidas

ποτά

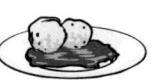

comida

φαγητό

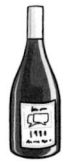

botella

μπουκάλι

comida rápida

φαστ φουντ

comida de calle

φαγητό στ' όρθιο

tetera

τσαγιέρα

azucarera

δοχείο ζάχαρης

porción

μερίδα

cafetera espresso

μηχανή εσπρέσο

periquera

ψηλή καρέκλα

cuenta

λογαριασμός

charola

δίσκος

cuchillo

μαχαίρι

tenedor

πιρούνι

cuchara

κουτάλι

cuchara de té

κουταλάκι του τσαγιού

servilleta

πετσέτα φαγητού

vaso

ποτήρι

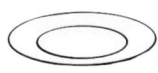

plato

πιάτο

plato hondo

πιάτο σούπας

plato

πιατάκι φλιτζανιού

salsa

σάλτσα

salero

αλατιέρα

molino para pimienta

μύλος για πιπέρι

vinagre

ξύδι

aceite

λάδι

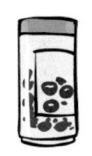

especias

μπαχαρικά

kétchup

κέτσαπ

mostaza

μουστάρδα

mayonesa

μαγιονέζα

supermercado
σούπερ μάρκετ

oferta especial
προσφορά
FOR
cliente
πελάτης
productos lácteos
γαλακτοκομικά προϊόντα
fruta
φρούτα
carrito para compras
καρότσι για ψώνια

BUTCHERS

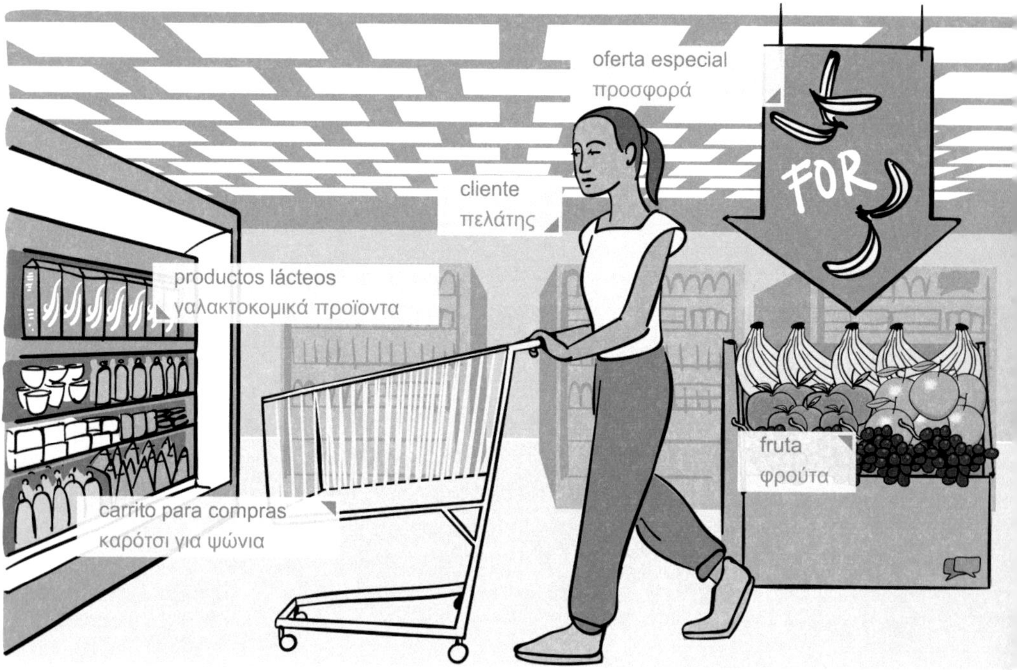

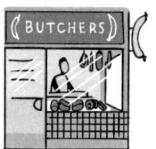

carnicería

κρεοπωλείο

BAKERY

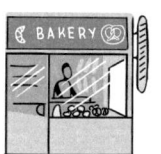

panadería

φούρνος

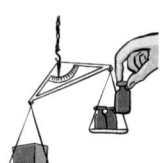

pesar

ζυγίζω

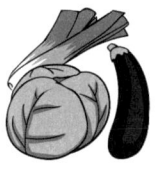

vegetales

λαχανικά

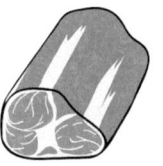

carne

κρέας

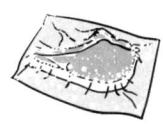

alimentos congelados

κατεψυγμένα τρόφιμα

carnes frías

αλλαντικά

alimentos enlatados

κονσερβοποιημένη τροφή

detergente en polvo

απορρυπαντικό ρούχων

dulces

γλυκά

electrodomésticos

οικιακά είδη

productos de limpieza

καθαριστικά προϊόντα

vendedora

πωλήτρια

caja

ταμείο

cajero

ταμίας

lista de compras

λίστα για ψώνια

horario de atención al público

ωράριο λειτουργίας

cartera

πορτοφόλι

tarjeta de crédito

πιστωτική κάρτα

bolsa

τσάντα

bolsa de plástico

πλαστική σακούλα

agua

νερό

jugo

χυμός

leche

γάλα

refresco de cola

κόκα κόλα

vino

κρασί

cerveza

μπίρα

alcohol

αλκοόλ

cacao

κακάο

té

τσάι

café

καφές

espresso

εσπρέσο

cappuccino

καπουτσίνο

plátano

μπανάνα

manzana

μήλο

naranja

πορτοκάλι

melón

πεπόνι

limón

λεμόνι

zanahoria

καρότο

ajo

σκόρδο

bambú

μπαμπού

cebolla

κρεμμύδι

champiñón

μανιτάρι

nueces

ξηροί καρποί

fideos

νουντλς

espaguetis

μακαρόνια

arroz

ρύζι

ensalada

σαλάτα

patatas fritas

πατατάκια

patatas fritas

τηγανητές πατάτες

pizza

πίτσα

hamburguesa

χάμπουργκερ

emparedado

σάντουιτς

filete

κοτολέτα

jamón

ζαμπόν

salami

σαλάμι

salchicha

λουκάνικο

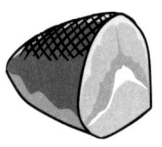

pollo

κοτόπουλο

asado

ψητό

pescado

ψάρι

copos de avena

χυλός βρώμης

muesli

μούσλι

copos de maíz

κορν φλέικς

harina

αλεύρι

cuernito

κρουασάν

bolillo

ψωμάκι

pan

ψωμί

tostada

τοστ

galletas

μπισκότα

mantequilla

βούτυρο

cuajada

τυρόπηγμα

pastel

κέικ

huevo

αυγό

huevo frito

τηγανητό αυγό

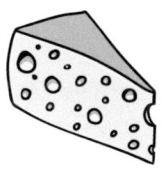

queso

τυρί

helado

παγωτό

azúcar

ζάχαρη

miel

μέλι

mermelada

μαρμελάδα

crema de chocolate

άλλειμμα σοκολάτας

curry

κάρυ

granja
αγρόκτημα

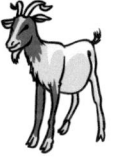

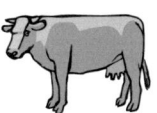

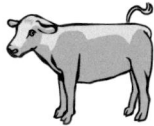

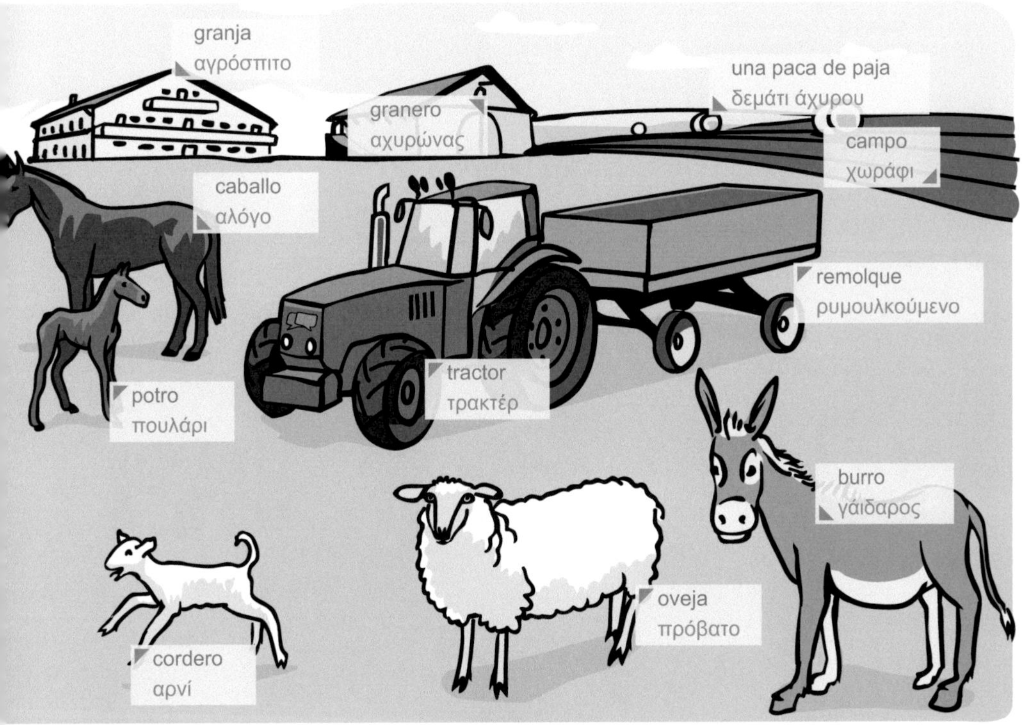
granja
αγρόσπιτο
granero
αχυρώνας
una paca de paja
δεμάτι άχυρου
campo
χωράφι
caballo
αλόγο
remolque
ρυμουλκούμενο
tractor
τρακτέρ
potro
πουλάρι
burro
γάιδαρος
oveja
πρόβατο
cordero
αρνί

cabra
κατσίκα

vaca
αγελάδα

ternero
μοσχαράκι

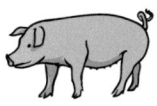

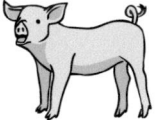

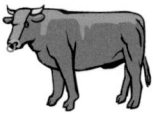

cerdo
γουρούνι

lechón
γουρουνάκι

toro
ταύρος

ganso
χήνα

pato
πάπια

pollo
κοτοπουλάκι

gallina
κότα

gallo
κόκορας

rata
αρουραίος

gato
γάτα

ratón
ποντίκι

buey
βόδι

perro
σκύλος

casa dperro
σπιτάκι σκύλου

manguera
λάστιχο κήπου

regadera
ποτιστήρι

guadaña
θεριστήρι

arado
αλέτρι

hoz

δρεπάνι

azadón

τσάπα

horquilla

δίκρανο

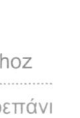

hacha

τσεκούρι

carretilla

χειράμαξα

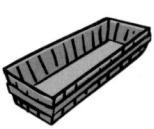

bebedero

ταΐστρα

bote de leche

δοχείο γάλακτος

saco

σάκος

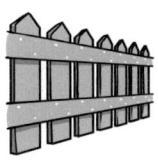

valla

φράχτης

establo

στάβλος

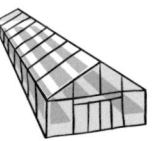

invernadero

θερμοκήπιο

suelo

έδαφος

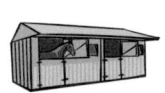

semilla

σπόρος

fertilizador

λίπασμα

cosechadora

θεριζοαλωνιστική μηχανή

cosechar

θερίζω

cosecha

συγκομιδή

camote

γιαμς

trigo

σιτάρι

soja

σόγια

patata

πατάτα

maíz

καλαμπόκι

semilde colza

κράμβη

árbol frutal

οπωροφόρο δέντρο

mandioca

μανιόκα

cereales

δημητριακά

casa
σπίτι

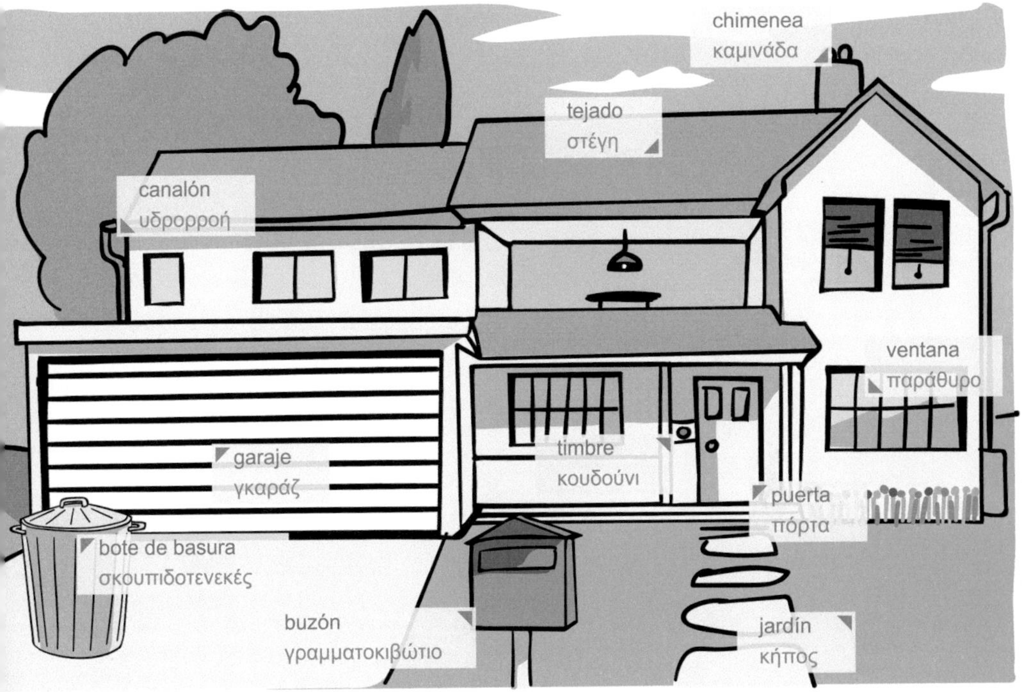
chimenea
καμινάδα
tejado
στέγη
canalón
υδρορροή
ventana
παράθυρο
garaje
γκαράζ
timbre
κουδούνι
puerta
πόρτα
bote de basura
σκουπιδοτενεκές
buzón
γραμματοκιβώτιο
jardín
κήπος

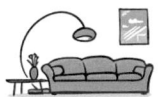

estancia

σαλόνι

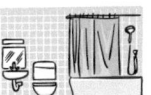

baño

μπάνιο

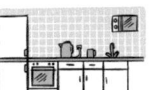

cocina

κουζίνα

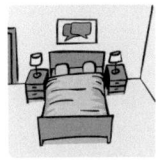

recámara

υπνοδωμάτιο

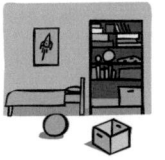

recámara de los niños

παιδικό δωμάτιο

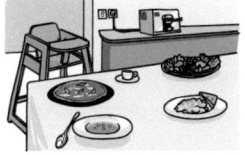

comedor

τραπεζαρία

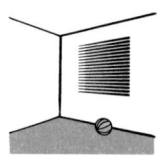

suelo

πάτωμα

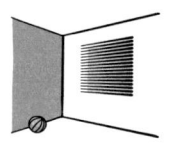

pared

τοίχος

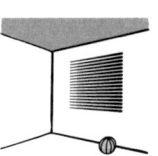

techo

οροφή

sótano

κελάρι

sauna

σάουνα

balcón

μπαλκόνι

terraza

βεράντα

alberca

πισίνα

cortacésped

μηχανή του γκαζόν

sábana

σεντόνι

colcha

κάλυμμα κρεβατιού

cama

κρεβάτι

escoba

σκούπα

balde

κουβάς

interruptor

διακόπτης

estancia
σαλόνι

pappara empapelar
ταπετσαρία
imagen
φωτογραφία
lámpara
λάμπα
estante
ράφι
alacena
ντουλάπι
televisión
τηλεόραση
chimenea
τζάκι
flor
λουλούδι
cojín
μαξιλάρι
sofá
καναπές
florero
βάζο
control remoto
τηλεκοντρόλ

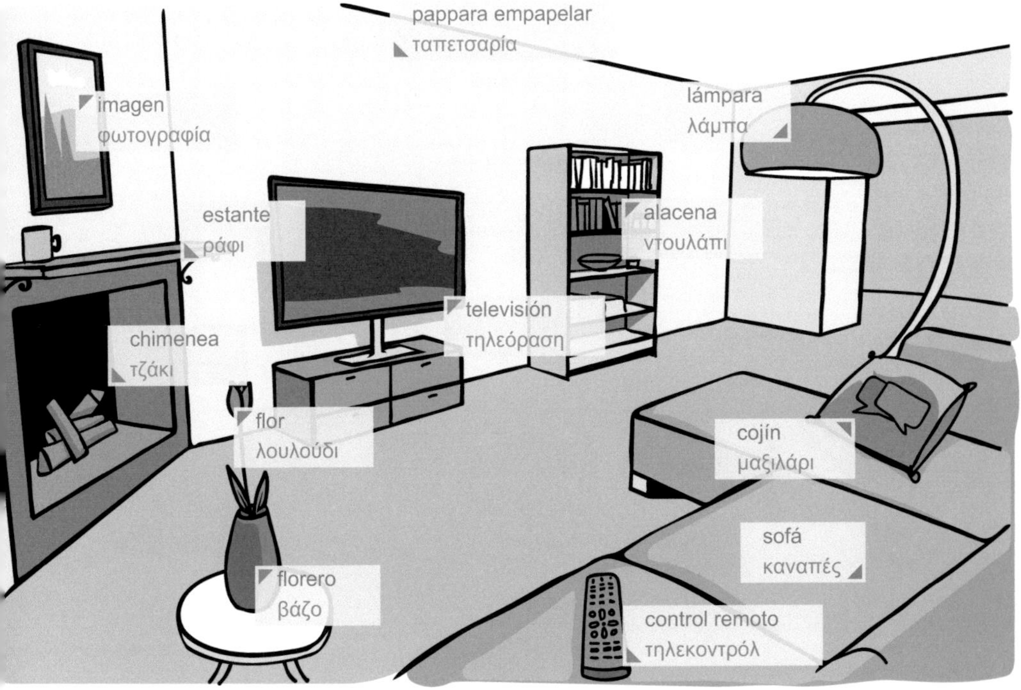

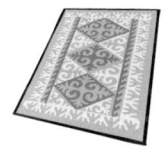

alfombra

χαλί

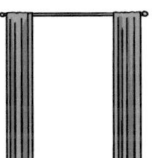

cortina

κουρτίνα

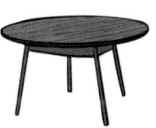

mesa

τραπέζι

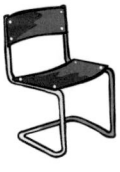

silla

καρέκλα

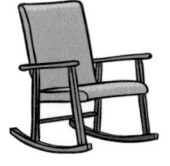

mecedora

κουνιστή πολυθρόνα

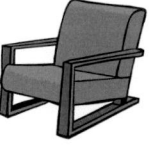

sillón

πολυθρόνα

libro

βιβλίο

frazada

κουβέρτα

decoración

διακόσμηση

leña

καυσόξυλα

película

ταινία

equipo de música

στερεοφωνικό σύστημα

llave

κλειδί

periódico

εφημερίδα

pintura

πίνακας ζωγραφικής

póster

αφίσα

radio

ραδιόφωνο

cuaderno

σημειωματάριο

aspiradora

ηλεκτρική σκούπα

cactus

κάκτος

vela

κερί

cocina
κουζίνα

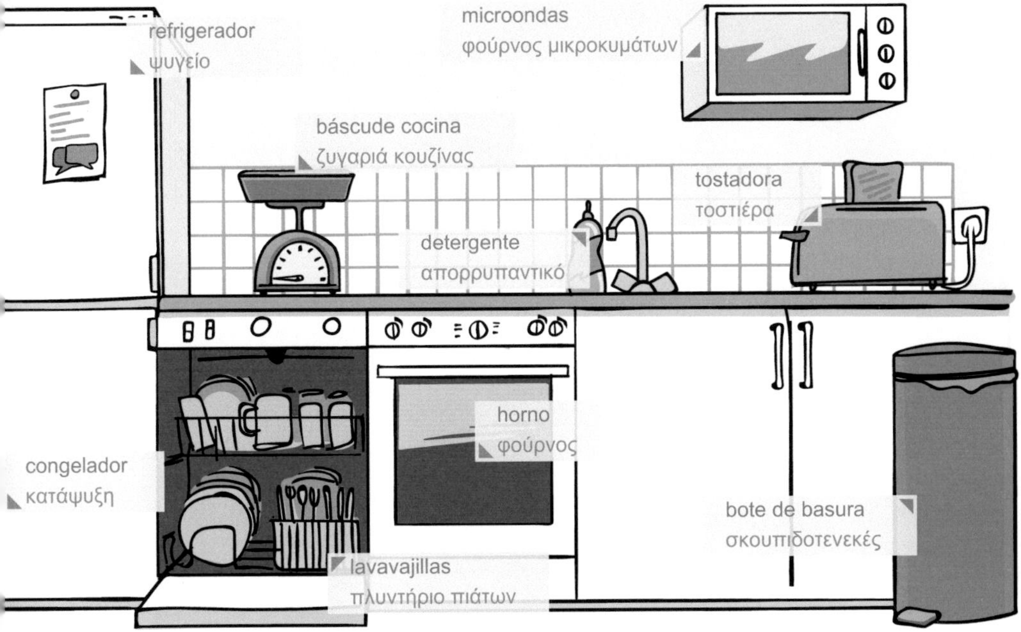
refrigerador
ψυγείο
microondas
φούρνος μικροκυμάτων
báscude cocina
ζυγαριά κουζίνας
tostadora
τοστιέρα
detergente
απορρυπαντικό
horno
φούρνος
congelador
κατάψυξη
bote de basura
σκουπιδοτενεκές
lavavajillas
πλυντήριο πιάτων

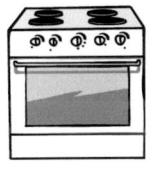

opresión

κουζίνα

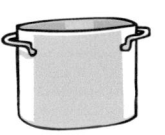

olla

κατσαρόλα

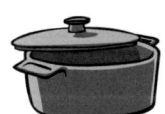

olde hierro fundido

μαντεμένια κατσαρόλα

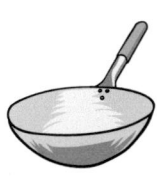

wok

γουόκ/καντάι

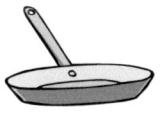

sartén

τηγάνι

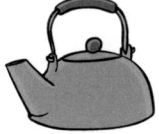

hervidor

βραστήρας

vaporera

ατμομάγειρας

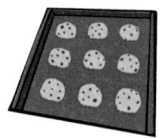

charode horno

ταψί

loza

πιατικά

taza

κούπα

bol

μπολ

palillos

ξυλάκια

cucharón

κουτάλα

espátula

σπάτουλα

batidora

ανακατεύω

colador

σουρωτήρι

colador

σουρωτηράκι

rallador

τρίφτης

mortero

γουδί

barbacoa

ψησταριά

fogata

ανοιχτή φωτιά

36

cocina - κουζίνα

tabpara picar

σανίδα κοπής

rodillo para amasar

πλάστης

sacacorchos

ανοιχτήρι φελλών

lata

κονσέρβα

abrelatas

ανοιχτήρι κονσέρβας

guante de cocina

γάντι φούρνου

fregadero

νεροχύτης

cepillo

βούρτσα

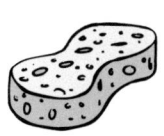

esponja

σφουγγάρι

batidora

μπλέντερ

congelador

καταψύκτης

biberón

μπιμπερό

llave

βρύση

baño

μπάνιο

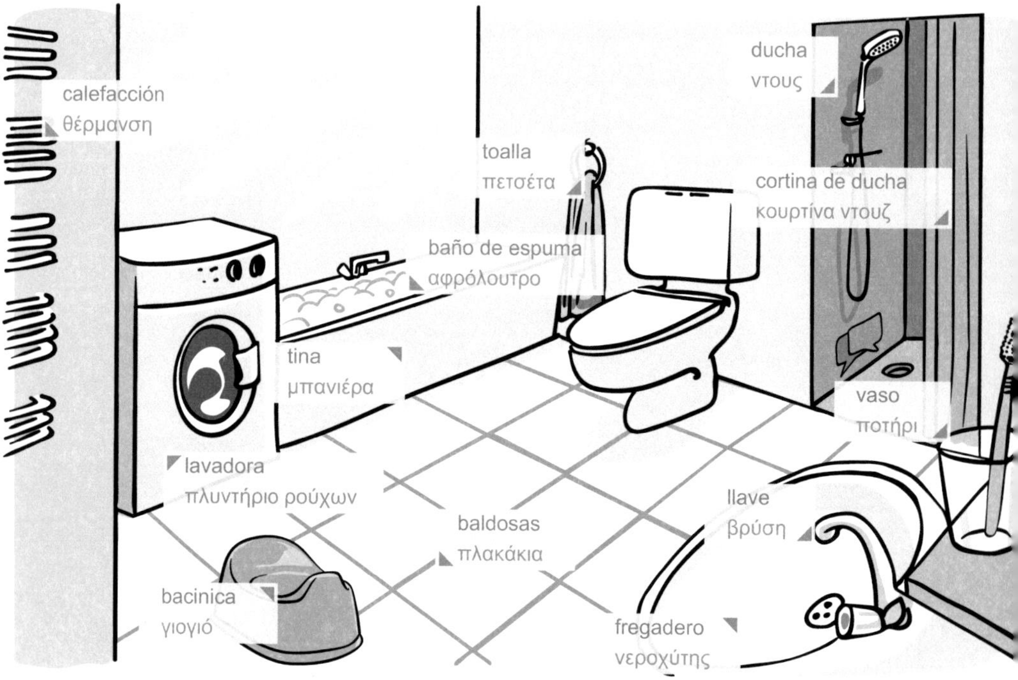

calefacción
θέρμανση
toalla
πετσέτα
ducha
ντους
cortina de ducha
κουρτίνα ντουζ
baño de espuma
αφρόλουτρο
tina
μπανιέρα
lavadora
πλυντήριο ρούχων
vaso
ποτήρι
llave
βρύση
baldosas
πλακάκια
bacinica
γιογιό
fregadero
νεροχύτης

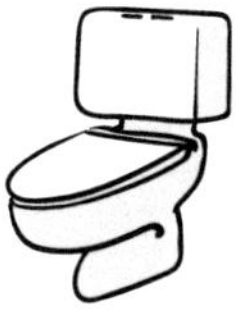

inodoro

τουαλέτα

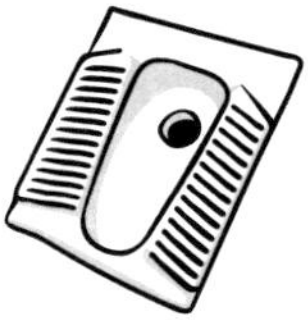

letrina

τούρκικη τουαλέτα

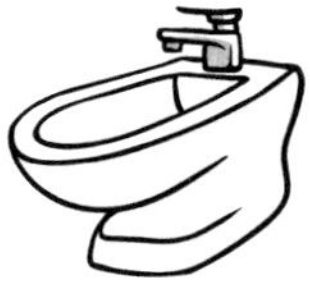

bidé

μπιντές

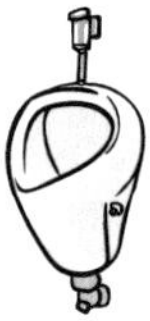

mingitorio

ουρητήριο

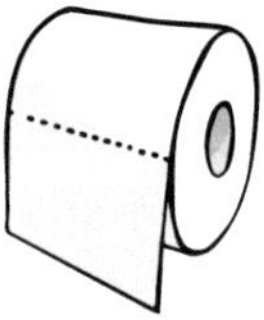

paphigiénico

χαρτί υγείας

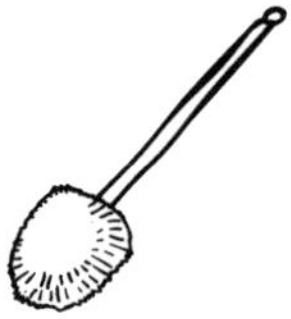

cepillo para baño

πιγκάλ

cepillo de dientes

οδοντόβουρτσα

pasta dental

οδοντόκρεμα

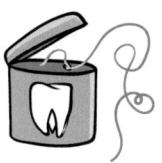

hilo dental

οδοντικό νήμα

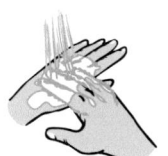

lavar

πλένω

ducha de mano

τηλέφωνο ντους

ducha vaginal

ντουσιέρα

fregadero

λεκάνη

cepillo de espalda

βούρτσα πλάτης

jabón

σαπούνι

gde ducha

αφρόλουτρο

champú

σαμπουάν

toallita

φανέλα

drenaje

σιφόνι

crema

κρέμα

desodorante

αποσμητικό

espejo

καθρέφτης

espejo de tocador

καθρέφτης χειρός

máquina para afeitar

ξυραφάκι

espuma de afeitar

αφρός ξυρίσματος

loción para después de afeitar

αφτερσέιβ

peine

χτένα

cepillo

βούρτσα

secadora

σεσουάρ

laca

λακ

maquillaje

μακιγιάζ

lápiz labial

κραγιόν

esmalte para uñas

βερνίκι νυχιών

algodón

βαμβάκι

tijeras para uñas

ψαλίδι νυχιών

perfume

άρωμα

estuche para cosméticos

νεσεσέρ

taburete

σκαμπό

báscula

ζυγαριά

bata

μπουρνούζι

guantes de goma

ελαστικά γάντια

tampón

ταμπόν

toalsanitaria

πετσέτα υγιεινής

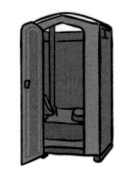

baño móvil

χημική τουαλέτα

baño - μπάνιο

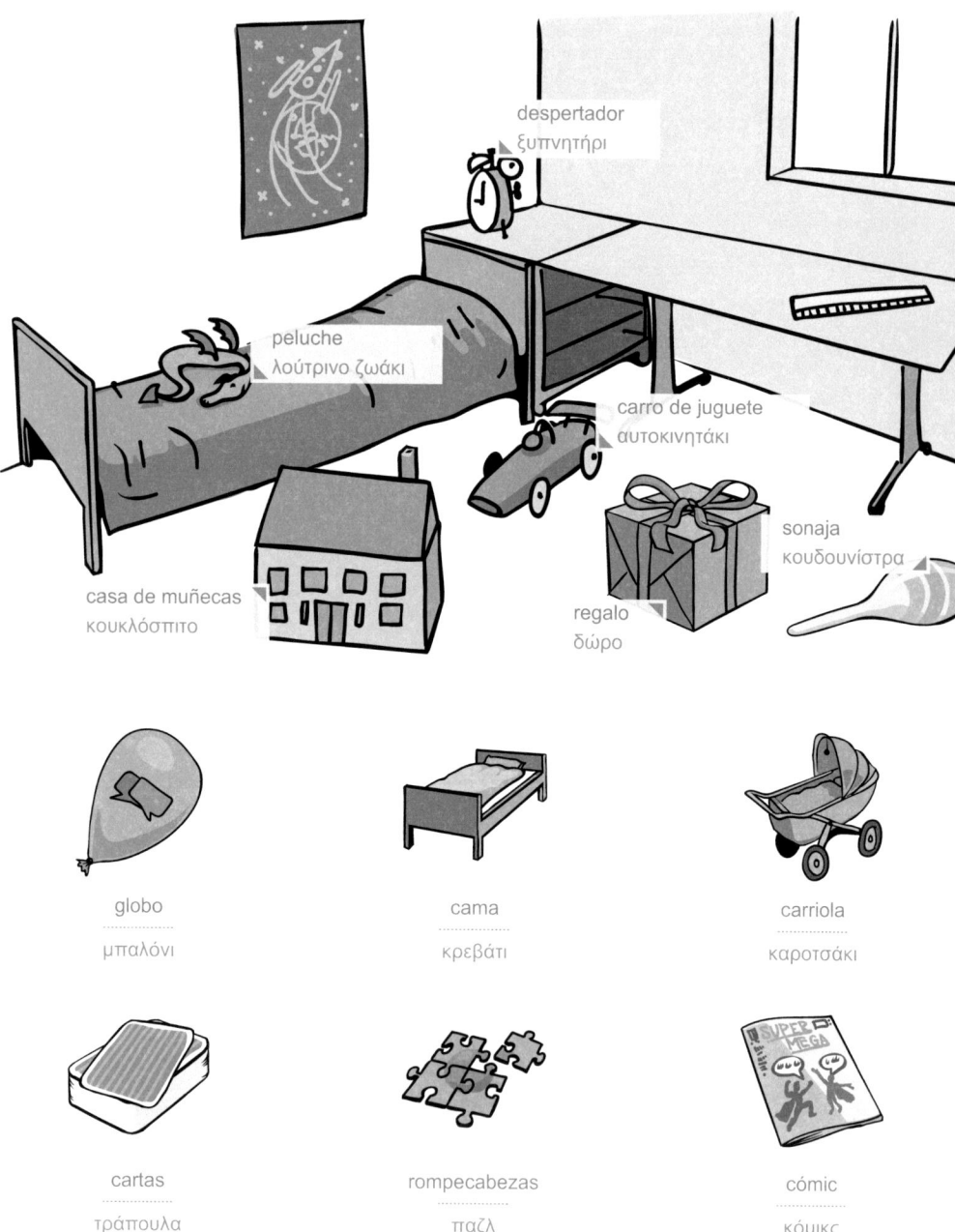

despertador
ξυπνητήρι

peluche
λούτρινο ζωάκι

carro de juguete
αυτοκινητάκι

casa de muñecas
κουκλόσπιτο

sonaja
κουδουνίστρα

regalo
δώρο

globo
μπαλόνι

cama
κρεβάτι

carriola
καροτσάκι

cartas
τράπουλα

rompecabezas
παζλ

cómic
κόμικς

42   recámara de los niños - παιδικό δωμάτιο

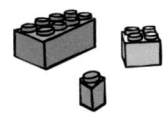

piezas de lego

τουβλάκια lego

bloques para jugar

τουβλάκια κατασκευών

figura de acción

φιγούρα δράσης

mameluco

βρεφικό φορμάκι

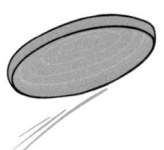

frisbee

φρίσμπι

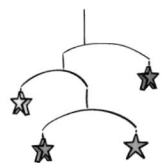

móvil para bebés

μόμπιλο

juego de mesa

επιτραπέζιο παιχνίδι

dados

ζάρια

tren eléctrico

σετ τρενάκι

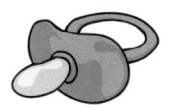

maniquí

πιπίλα

fiesta

πάρτι

álbum de fotos

εικονογραφημένο βιβλίο

balón

μπάλα

muñeca

κούκλα

jugar

παίζω

arenero

σκάμμα με άμμο

columpio

κούνια

juguetes

παιχνίδια

consode videojuegos

κονσόλα βιντεοπαιχνιδιών

triciclo

τρίκυκλο

oso de peluche

αρκουδάκι

clóset

ντουλάπα

ropa
ρούχα

calcetines

κάλτσες

pantimedias

καλτσοδέτες

mallas

καλσόν

bufanda
κασκόλ

paraguas
ομπρέλα

cinto
ζώνη

playera
μπλουζάκι

botas
μπότες

chanclas
παντόφλες

tenis
αθλητικά παπούτσια

sandalias
σανδάλια

zapatos
παπούτσια

botas de goma
γαλότσες

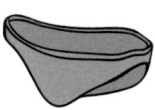

ropa interior
εσώρουχο

brasier
σουτιέν

chaleco
φανέλα

body

σώμα

pantalones

παντελόνι

pantalones de mezclilla

τζιν παντελόνι

falda

φούστα

blusa

μπλούζα

camisa

πουκάμισο

suéter

πουλόβερ

sudadera

πουλόβερ

saco sport

σακάκι

chamarra

μπουφάν

abrigo

παλτό

impermeable

αδιάβροχο πανωφόρι

traje

κοστούμι

vestido

φόρεμα

vestido de novia

νυφικό

traje

κοστούμι

camisón

νυχτικό

pijama

πιτζάμες

sari

σάρι

pañuelo para cabeza

μαντήλι

turbante

τουρμπάνι

burka

μπούρκα

caftán

καφτάνι

abaya

μουσουλμανικό ένδυμα

traje de baño

ολόσωμο μαγιό

short de baño

ανδρικό μαγιό

shorts

σορτς

pants

αθλητική φόρμα

delantal

ποδιά

guantes

γάντια

ropa - ρούχα

botón

κουμπί

gafas

γυαλιά

brazalete

βραχιόλι

collar

περιδέραιο

anillo

δαχτυλίδι

arete

σκουλαρίκι

gorra

καπέλο

gancho

κρεμάστρα

sombrero

καπέλο

corbata

γραβάτα

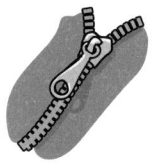

cierre

φερμουάρ

casco

κράνος

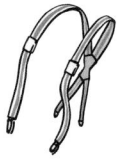

tirantes

τιράντες

uniforme

μαθητική στολή

uniforme

στολή

babero

σαλιάρα

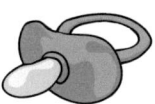

maniquí

πιπίλα

pañal

πάνα

oficina
γραφείο

archivo
αρχειοθήκη

servidor
σέρβερ

impresora
εκτυπωτής

monitor
οθόνη

pap
χαρτί

escritorio
γραφείο

mouse
ποντίκι

carpeta
ντοσιέ

teclado
πληκτρολόγιο

bote de basura
καλάθι αχρήστων

silla
καρέκλα

computadora
υπολογιστής

taza de café

κούπα του καφέ

calculadora

κομπιουτεράκι

internet

ίντερνετ

notebook

λάπτοπ

carta

γράμμα

mensaje

μήνυμα

móvil

κινητό

red

δίκτυο

fotocopiadora

φωτοτυπικό μηχάνημα

software

λογισμικό

teléfono

τηλέφωνο

tomacorriente

πρίζα

fax

συσκευή φαξ

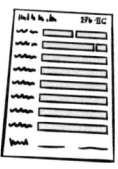

formulario

έντυπο

documento

έγγραφο

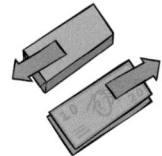
comprar
αγοράζω

pagar
πληρώνω

hacer negocios
συναλλάσσομαι

dinero
χρήματα

dólar
δολάριο

euro
ευρώ

yen
γιεν

rublo
ρούβλι

franco suizo
ελβετικό φράγκο

yuan
ρενμίνμπι γιουάν

rupia
ρουπία

cajero automático
ATM (αυτόματη ταμειακή μηχανή)

casa de cambio

ανταλλακτήρια συναλλάγματος

oro

χρυσός

plata

ασήμι

petróleo

πετρέλαιο

energía

ενέργεια

precio

τιμή

contrato

συμβόλαιο

impuesto

φόρος

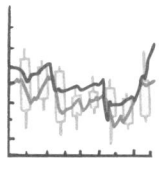

acción

μετοχή

trabajar

δουλεύω

empleado

υπάλληλος

empleador

εργοδότης

fábrica

εργοστάσιο

tienda

κατάστημα

economía - οικονομία

ocupaciones
επαγγέλματα

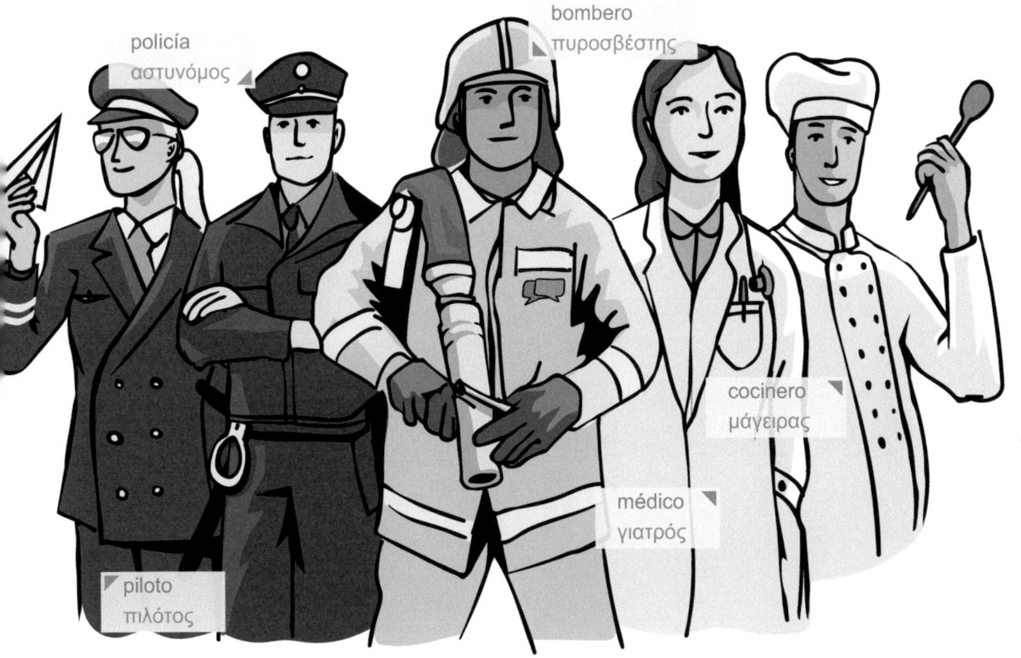

bombero
πυροσβέστης
policía
αστυνόμος
cocinero
μάγειρας
médico
γιατρός
piloto
πιλότος

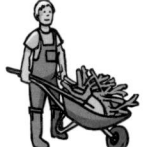

jardinero

κηπουρός

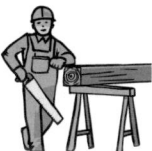

carpintero

ξυλουργός

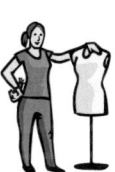

costurera

μοδίστρα

juez

δικαστής

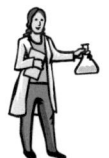

farmacéutico

χημικός

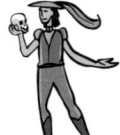

actor

ηθοποιός

conductor de autobús

οδηγός λεωφορείου

taxista

ταξιτζής

pescador

ψαράς

señora de limpieza

καθαρίστρια

instalador de techos

τεχνίτης στεγών

camarero

σερβιτόρος

cazador

κυνηγός

pintor

ζωγράφος

panadero

αρτοποιός

electricista

ηλεκτρολόγος

obrero

οικοδόμος

ingeniero

μηχανολόγος

carnicero

κρεοπώλης

plomero

υδραυλικός

cartero

ταχυδρόμος

ocupaciones - επαγγέλματα

soldado

στρατιώτης

arquitecto

αρχιτέκτονας

cajero

ταμίας

florista

ανθοπώλης

peluquero

κομμωτής

cobrador

ελεγκτής εισιτηρίων

mecánico

μηχανικός

capitán

καπετάνιος

dentista

οδοντίατρος

científico

επιστήμονας

rabino

ραβίνος

imán

ιμάμης

monje

μοναχός

sacerdote

ιερέας

herramientas
εργαλεία

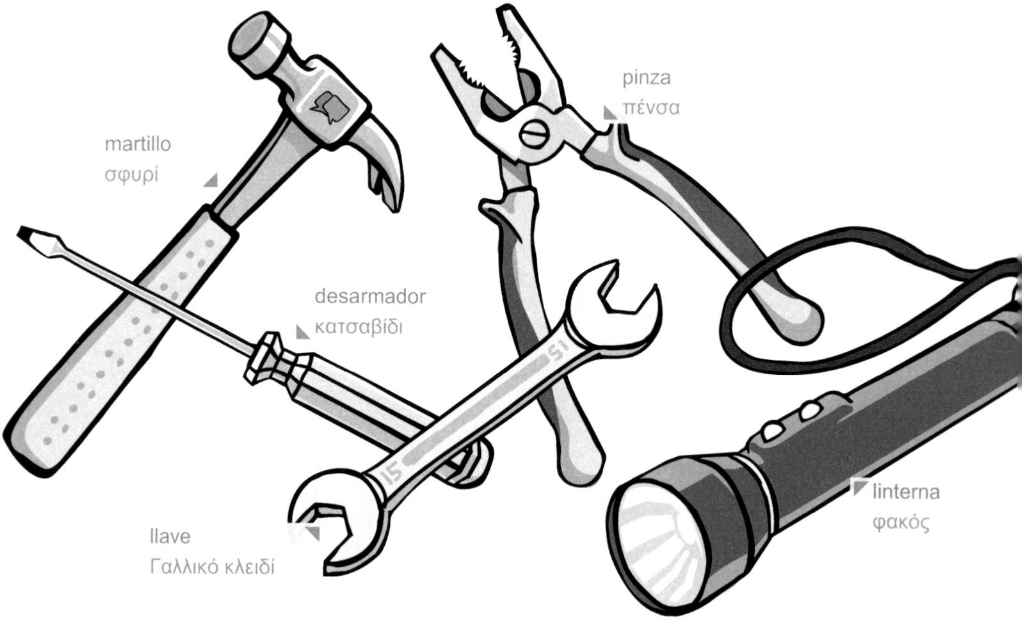

martillo
σφυρί
pinza
πένσα
desarmador
κατσαβίδι
llave
Γαλλικό κλειδί
linterna
φακός

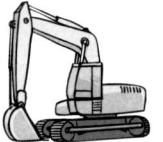

excavadora

εκσκαφέας

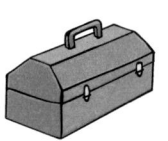

caja de herramientas

εργαλειοθήκη

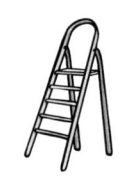

escalera de mano

σκάλα

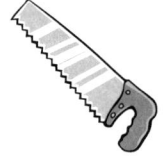

sierra

πριόνι

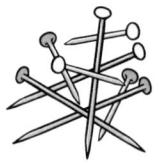

clavos

καρφιά

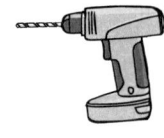

taladro

τρυπάνι

reparar

επισκευάζω

pala

φτυάρι

¡Maldición!

Να πάρει!

recogedor

φαράσι

bote de pintura

δοχείο χρωμάτων

tornillos

βίδες

instrumentos musicales

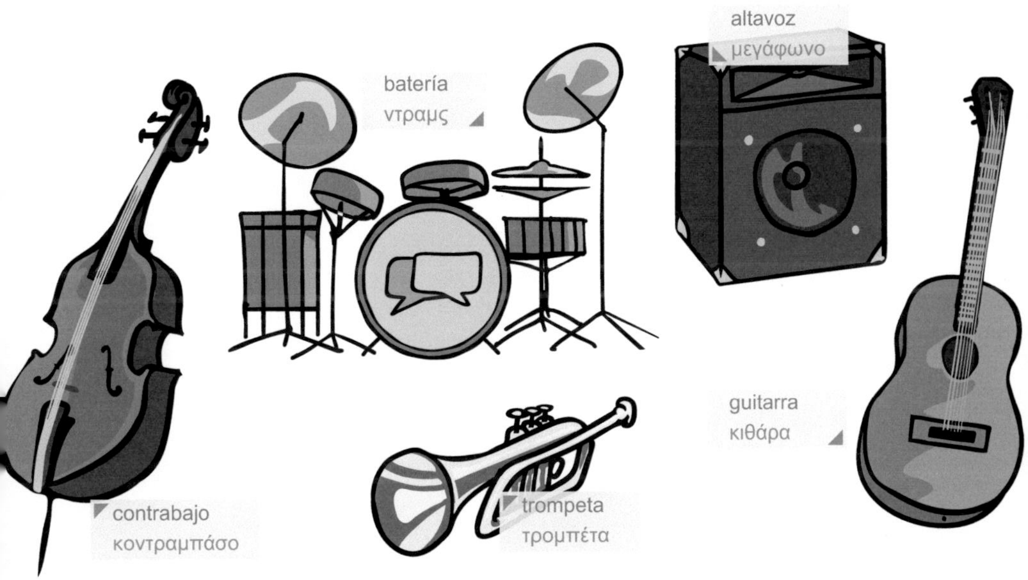

μουσικά όργανα

batería
ντραμς

altavoz
μεγάφωνο

guitarra
κιθάρα

contrabajo
κοντραμπάσο

trompeta
τρομπέτα

piano
πιάνο

violín
βιολί

bajo
μπάσο

timbales
τύμπανα

tambor
τύμπανο

teclado
πλήκτρα

saxofón
σαξόφωνο

flauta
φλάουτο

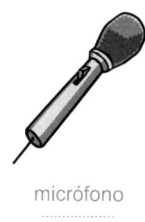

micrófono
μικρόφωνο

zoológico
ζωολογικός κήπος

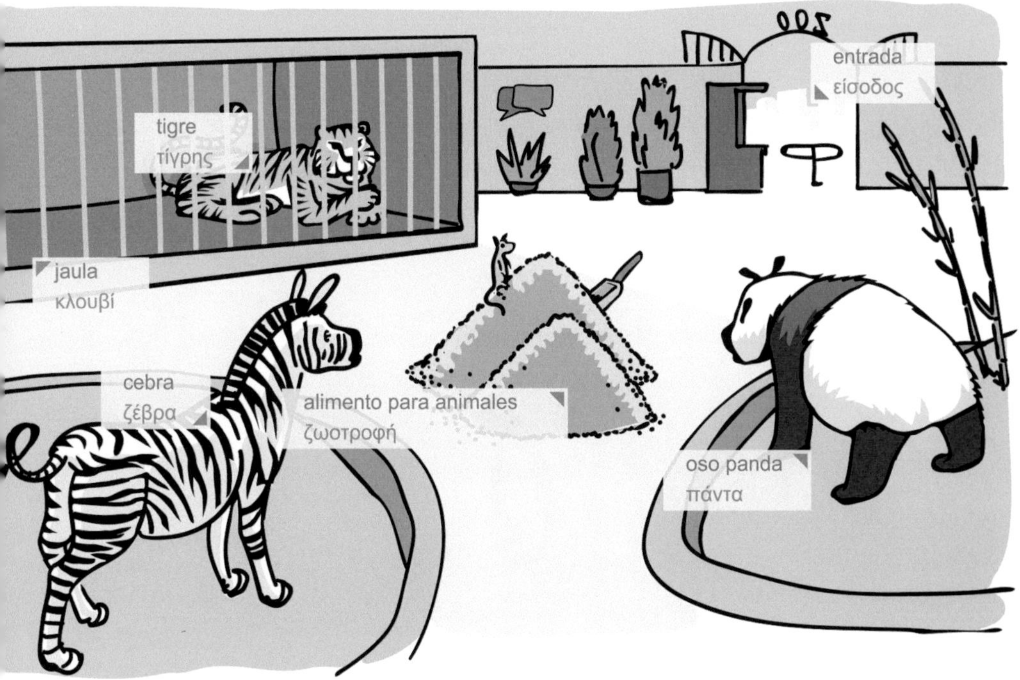

tigre
τίγρης
entrada
είσοδος
jaula
κλουβί
cebra
ζέβρα
alimento para animales
ζωοτροφή
oso panda
πάντα

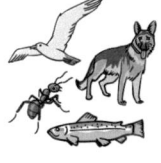

animales

ζώα

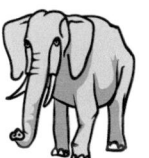

elefante

ελέφαντας

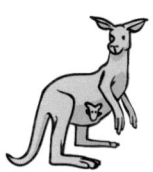

canguro

καγκουρό

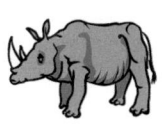

rinoceronte

ρινόκερος

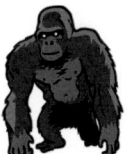

gorila

γορίλας

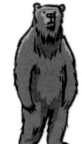

oso

αρκούδα

camello

καμήλα

avestruz

στρουθοκάμηλος

león

λιοντάρι

mono

πίθηκος

flamenco

φλαμίνγκο

loro

παπαγάλος

oso polar

πολική αρκούδα

pingüino

πιγκουίνος

tiburón

καρχαρίας

pavo real

παγώνι

serpiente

φίδι

cocodrilo

κροκόδειλος

guardián de zoológico

φύλακας ζωολογικού κήπου

foca

φώκια

jaguar

τζάγκουαρ

poni

πόνυ

leopardo

λεοπάρδαλη

hipopótamo

ιπποπόταμος

jirafa

καμηλοπάρδαλη

águila

αετός

jabalí

αγριογούρουνο

pescado

ψάρι

tortuga

χελώνα

morsa

θαλάσσιος ίππος

zorro

αλεπού

gacela

γαζέλα

fútbol americano
Αμερικάνικο ποδόσφαιρο

ciclismo
ποδηλασία

tenis
αντισφαίριση

baloncesto
μπάσκετ

natación
κολύμβηση

boxeo
πυγχαμία

hockey sobre hielo
χόκεϋ επί πάγου

fútbol
ποδόσφαιρο

bádminton
μπάντμιντον

atletismo
στίβος

handball
χάντμπολ

esquí
σκι

polo
πόλο

actividades
δραστηριότητες

reír
γελάω
saltar
πηδάω
abrazar
αγκαλιάζω
caminar
περπατάω
cantar
τραγουδάω
soñar
ονειρεύομαι
rezar
προσεύχομαι
besar
φιλάω

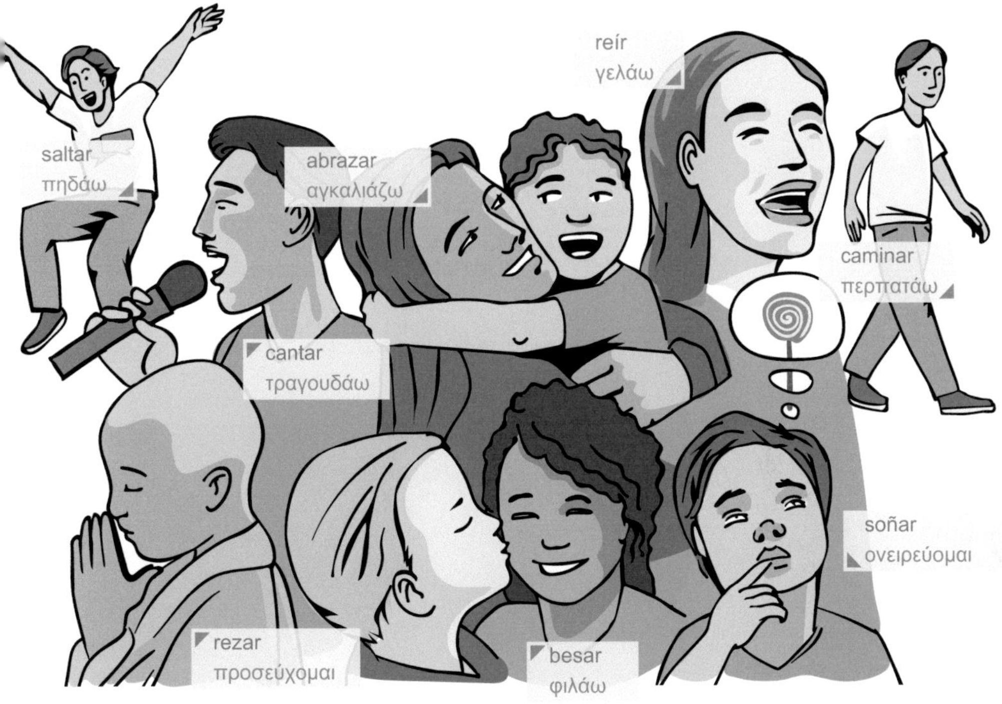

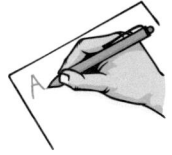

escribir

γράφω

dibujar

σχεδιάζω

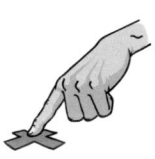

mostrar

δείχνω

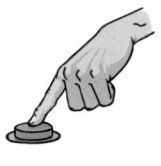

empujar

πιέζω

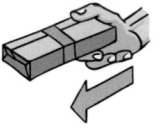

dar

δίνω

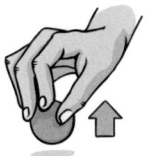

tomar

παίρνω

tener

έχω

hacer

κάνω

ser

είμαι

estar parado

στέκομαι

correr

τρέχω

jalar

τραβάω

arrojar

ρίχνω

caer

πέφτω

estar acostado

ξαπλώνω

esperar

περιμένω

llevar

κουβαλώ

estar sentado

κάθομαι

vestirse

φοράω

dormir

κοιμάμαι

despertar

ξυπνάω

mirar

κοιτάω

llorar

κλαίω

acariciar

χαϊδεύω

peinar

χτενίζω

hablar

μιλάω

entender

καταλαβαίνω

preguntar

ρωτάω

escuchar

ακούω

beber

πίνω

comer

τρώω

ordenar

συγυρίζω

amar

αγαπάω

cocinar

μαγειρεύω

conducir

οδηγώ

volar

πετάω

actividades - δραστηριότητες

navegar

κάνω ιστιοπλοΐα

calcular

υπολογίζω

leer

διαβάζω

aprender

μαθαίνω

trabajar

δουλεύω

casarse

παντρεύομαι

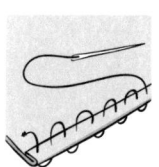

coser

ράβω

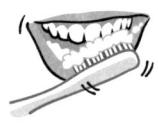

cepillarse los dientes

βουρτσίζω τα δόντια

matar

σκοτώνω

fumar

καπνίζω

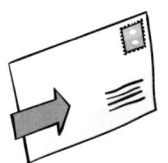

enviar

στέλνω

actividades - δραστηριότητες

familia
οικογένεια

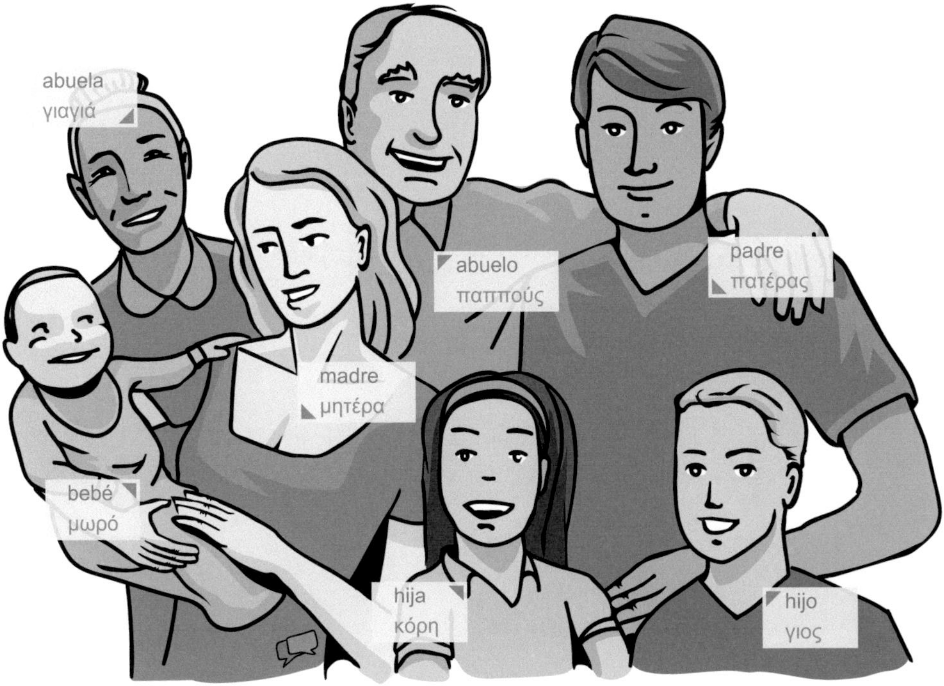
abuela
γιαγιά
abuelo
παππούς
padre
πατέρας
madre
μητέρα
bebé
μωρό
hija
κόρη
hijo
γιος

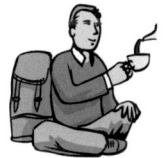

invitado

καλεσμένος

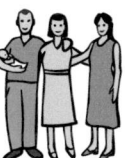

tía

θεία

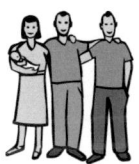

tío

θείος

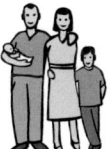

hermano

αδελφός

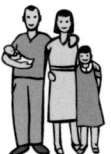

hermana

αδελφή

cuerpo
σώμα

frente
μέτωπο
ojo
μάτι
hombro
ώμος
dedo
δάχτυλο
cara
πρόσωπο
barbilla
πιγούνι
mano
χέρι
pierna
πόδι
pecho
στήθος
brazo
βραχίονας

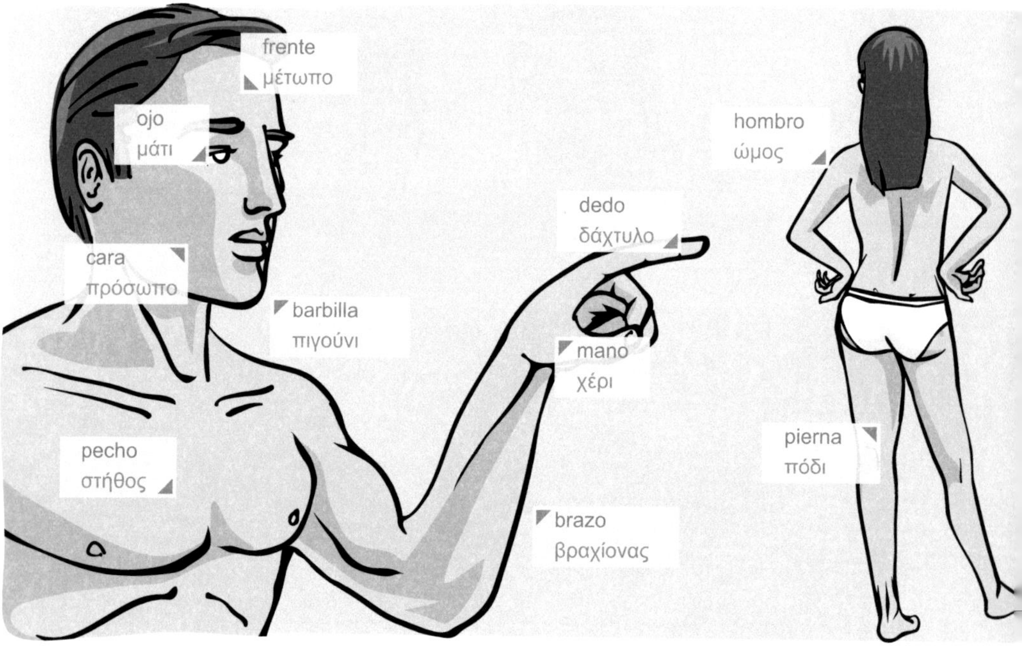

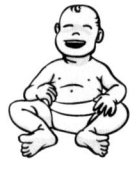

bebé

μωρό

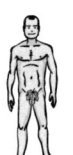

hombre

άνδρας

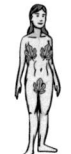

mujer

γυναίκα

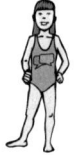

niña

κορίτσι

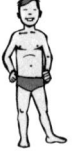

niño

αγόρι

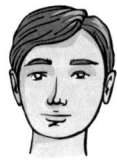

cabeza

κεφάλι

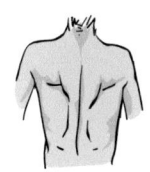

espalda

πλάτη

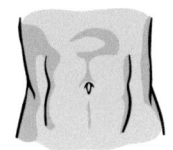

barriga

κοιλιά

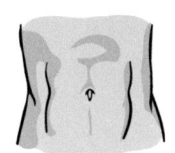

ombligo

αφαλός

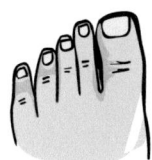

dedo dpie

δάχτυλο ποδιού

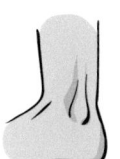

talón

φτέρνα

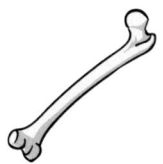

hueso

κόκκαλο

cadera

γοφός

rodilla

γόνατο

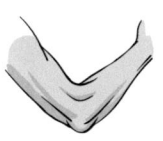

codo

αγκώνας

nariz

μύτη

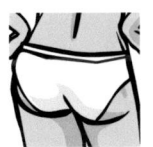

pompis

γλουτός

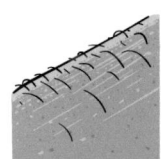

piel

δέρμα

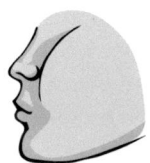

mejilla

μάγουλο

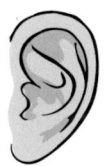

oído

αυτί

labio

χείλος

boca

στόμα

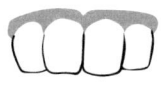

diente

δόντι

lengua

γλώσσα

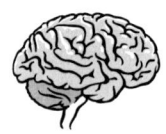

cerebro

εγκέφαλος

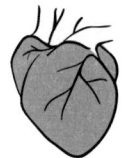

corazón

καρδιά

músculo

μυς

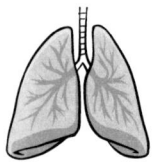

pulmón

πνεύμονας

hígado

συκώτι

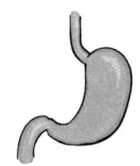

estómago

στομάχι

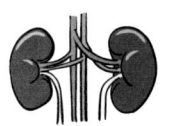

riñones

νεφρά

sexo

σεξουαλική επαφή

condón

προφυλακτικό

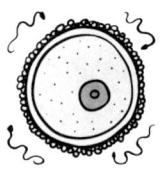

óvulo

ωάριο

semen

σπέρμα

embarazo

εγκυμοσύνη

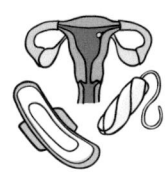

menstruación

περίοδος

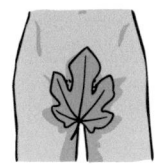

vagina

γυναικείος κόλπος

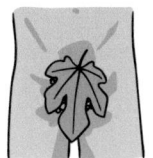

pene

πέος

ceja

φρύδι

cabello

μαλλιά

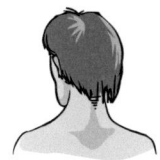

cuello

λαιμός

cuerpo - σώμα

hospital

νοσοκομείο

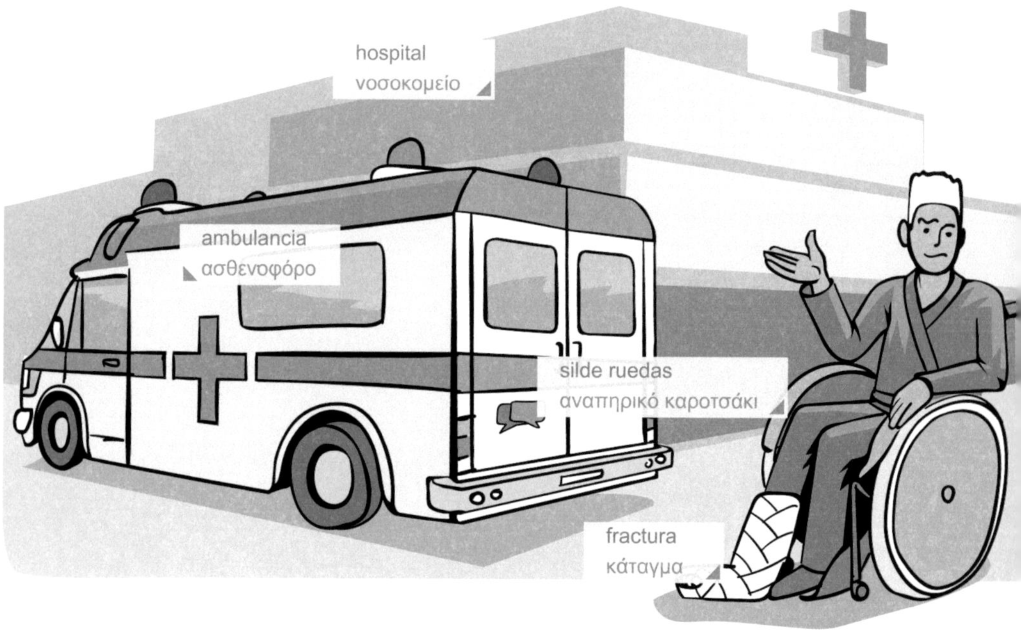

hospital
νοσοκομείο
ambulancia
ασθενοφόρο
silde ruedas
αναπηρικό καροτσάκι
fractura
κάταγμα

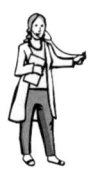

médico

γιατρός

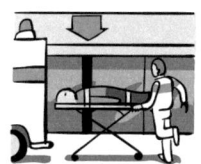

sade emergencias

μονάδα εντατικής θεραπείας

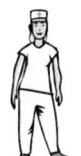

enfermera

νοσοκόμα

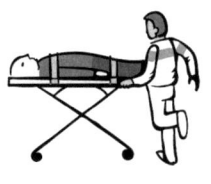

emergencia

έκτακτη ανάγκη

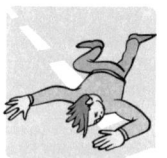

inconsciente

λιπόθυμος

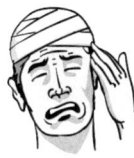

dolor

πόνος

lesión

τραύμα

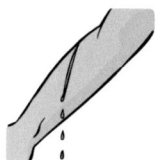

hemorragia

αιμορραγία

infarto

έμφραγμα

accidente cerebrovascular

εγκεφαλικό

alergia

αλλεργία

tos

βήχας

fiebre

πυρετός

gripa

γρίπη

diarrea

διάρροια

dolor de cabeza

πονοκέφαλος

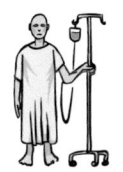

cáncer

καρκίνος

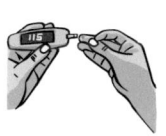

diabetes

διαβήτης

cirujano

χειρουργός

bisturí

νυστέρι

operación

εγχείρηση

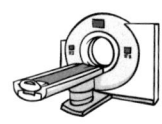

TC
αξονική τομογραφία

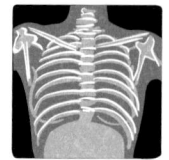

rayos x
ακτινογραφία

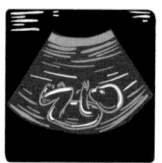

ultrasonido
υπέρηχος

mascarilla
μάσκα

enfermedad
ασθένεια

sade espera
αίθουσα αναμονής

muleta
πατερίτσα

vendita
χάνσαπλαστ

vendaje
επίδεσμος

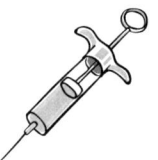

inyección
ένεση

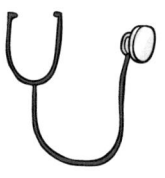

estetoscopio
στηθοσκόπιο

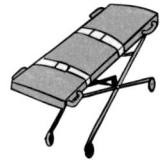

camilla
φορείο

termómetro
θερμόμετρο

nacimiento
γέννηση

sobrepeso
υπέρβαρο

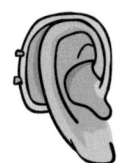

audífono

ακουστικό βαρηκοΐας

desinfectante

αντισηπτικό

infección

λοίμωξη

virus

ιός

VIH / SIDA

HIV/AIDS

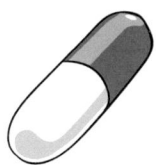

medicina

φάρμακο

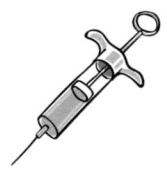

vacunación

εμβολιασμός

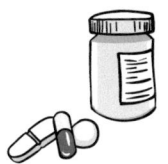

tabletas

δισκία

pastilanticonceptiva

χάπι

llamada de emergencia

κλήση έκτακτης ανάγκης

medidor de presión

πιεσόμετρο αίματος

enfermo / sano

άρρωστος / υγιής

alarma

συναγερμός

agresión

βιαιοπραγία

¡Socorro!

Βοήθεια!

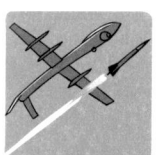

ataque

επίθεση

peligro

κίνδυνος

salida de emergencia

έξοδος κινδύνου

¡Fuego!

Φωτιά!

extintor de incendios

πυροσβεστήρας

accidente

ατύχημα

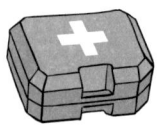

botiquín de primeros
auxilios

κουτί πρώτων βοηθειών

SOS

SOS

policía

αστυνομία

Europa

Ευρώπη

Norteamérica

Βόρεια Αμερική

Sudamérica

Νότια Αμερική

África

Αφρική

Asia

Ασία

Australia

Αυστραλία

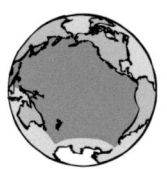

Atlántico

Ατλαντικός Ωκεανός

Pacífico

Ειρηνικός Ωκεανός

Océano Índico

Ινδικός Ωκεανός

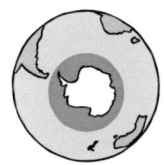

Océano Antártico

Ανταρκτικός Ωκεανός

Océano Ártico

Αρκτικός Ωκεανός

polo norte

Βόρειος Πόλος

polo sur

Νότιος Πόλος

Antártida

Ανταρκτική

tierra

Γη

tierra

γη

mar

θάλασσα

isla

νησί

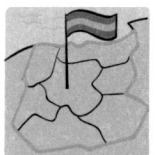

nación

έθνος

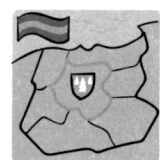

estado

πολιτεία

esfera

καντράν ρολογιού

manecilde las horas

ωροδείκτης

minutero

λεπτοδείκτης

segundero

δείκτης δευτερολέπτων

¿Qué hora es?

Τι ώρα είναι;

día

ημέρα

hora

χρόνος

ahora

τώρα

reloj digital

ψηφιακό ρολόι

minuto

λεπτό

hora

ώρα

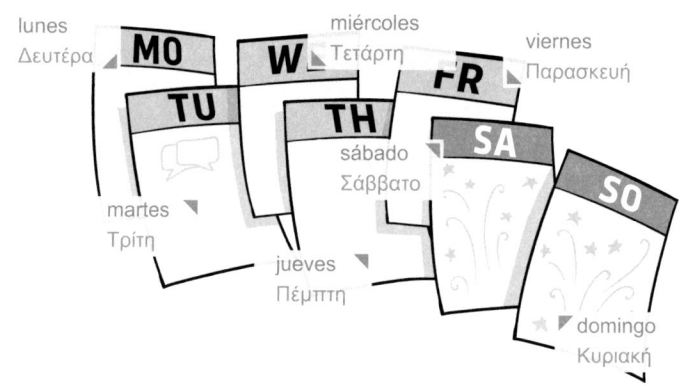

lunes
Δευτέρα

miércoles
Τετάρτη

viernes
Παρασκευή

martes
Τρίτη

sábado
Σάββατο

jueves
Πέμπτη

domingo
Κυριακή

ayer
χθες

hoy
σήμερα

mañana
αύριο

mañana
πρωί

mediodía
μεσημέρι

tarde
βράδυ

días laborables
εργάσιμες ημέρες

fin de semana
Σαββατοκύριακο

lluvia
βροχή

arco iris
ουράνιο τόξο

nieve
χιόνι

viento
άνεμος

primavera
άνοιξη

otoño
φθινόπωρο

verano
καλοκαίρι

invierno
χειμώνας

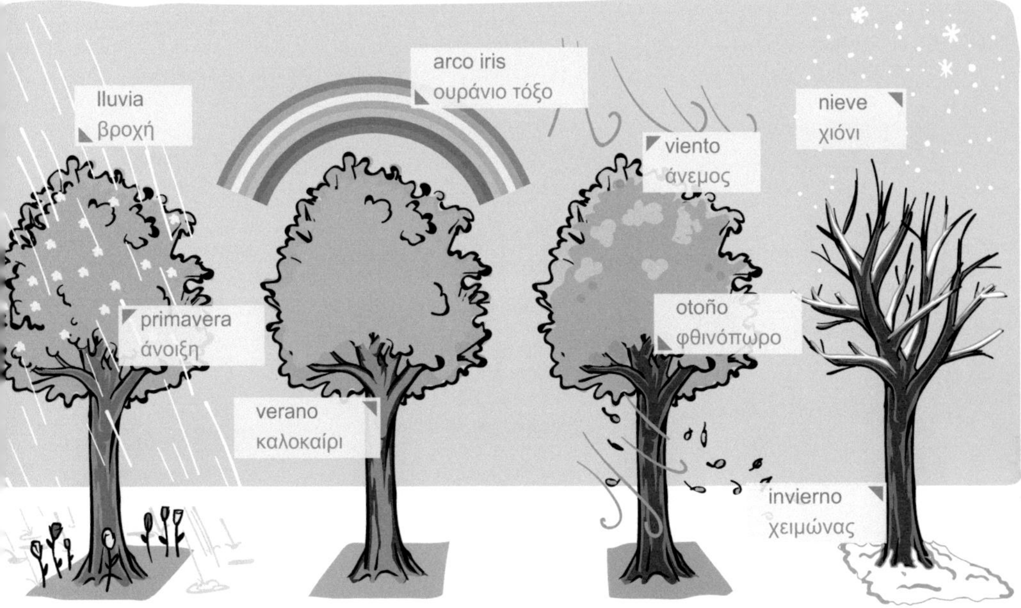

pronóstico dtiempo

πρόγνωση καιρού

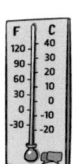

termómetro

θερμόμετρο

sol

λιακάδα

nube

σύννεφο

niebla

ομίχλη

humedad

υγρασία

rayo

αστραπή

trueno

κεραυνός

tormenta

καταιγίδα

granizo

χαλάζι

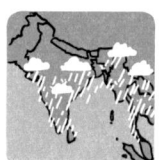

monzón

μουσώνας

inundación

πλημμύρα

hielo

πάγος

enero

Ιανουάριος

febrero

Φεβρουάριος

marzo

Μάρτιος

abril

Απρίλιος

mayo

Μάιος

junio

Ιούνιος

julio

Ιούλιος

agosto

Αύγουστος

año - έτος

septiembre
Σεπτέμβριος

octubre
Οκτώβριος

noviembre
Νοέμβριος

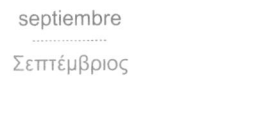

diciembre
Δεκέμβριος

círculo
κύκλος

cuadrado
τετράγωνο

rectángulo
ορθογώνιο
παραλληλόγραμμο

triángulo
τρίγωνο

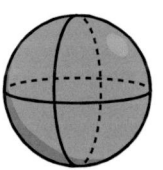

esfera
σφαίρα

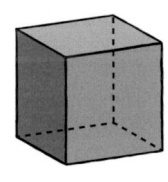

cubo
κύβος

blanco
άσπρο

amarillo
κίτρινο

naranja
πορτοκαλί

rosa
ροζ

rojo
κόκκινο

morado
μωβ

azul
μπλε

verde
πράσινο

marrón
καφέ

gris
γκρι

negro
μαύρο

mucho / poco

πολύ / λίγο

enojado / tranquilo

θυμωμένος / ήρεμος

bonito / feo

όμορφος / άσχημος

principio / fin

αρχή / τέλος

grande / pequeño

μεγάλος / μικρός

claro / oscuro

φωτεινός / σκοτεινός

hermano / hermana

αδελφός / αδελφή

limpio / sucio

καθαρός / λερωμένος

completo / incompleto

πλήρης / ατελής

día / noche

ημέρα / νύχτα

muerto / vivo

νεκρός / ζωντανός

ancho / angosto

φαρδύς / στενός

comestible / no comestible

βρώσιμος / μη βρώσιμος

malo / amable

κακός / ευγενικός

entusiasmado / aburrido

ενθουσιασμένος /
βαριεστημένος

gordo / delgado

παχύς / λεπτός

primero / último

πρώτος / τελευταίος

amigo / enemigo

φίλος / εχθρός

lleno / vacío

γεμάτος / άδειος

duro / blando

σκληρός / μαλακός

pesado / ligero

βαρύς / ελαφρύς

hambre / sed

πείνα / δίψα

enfermo / sano

άρρωστος / υγιής

ilegal / legal

παράνομος / νόμιμος

inteligente / tonto

έξυπνος / χαζός

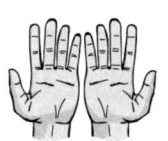

izquierda / derecha

αριστερός / δεξιός

cerca / lejos

κοντινός / μακρινός

nuevo / usado

καινούριος /
μεταχειρισμένος

nada / algo

τίποτα / κάτι

viejo / joven

γέρος | νέος

encendido / apagado

αναμμένος / σβηστός

abierto / cerrado

ανοιχτός / κλειστός

silencioso / ruidoso

χαμηλόφωνος /
μεγαλόφωνος

rico / pobre

πλούσιος / φτωχός

correcto / incorrecto

σωστός / λανθασμένος

áspero / suave

τραχύς / λείος

triste / contento

λυπημένος / χαρούμενος

corto / largo

κοντός / μακρύς

lento / rápido

αργός / γρήγορος

húmedo / seco

υγρός / στεγνός

caliente / frío

ζεστός / δροσερός

guerra / paz

πόλεμος / ειρήνη

números
αριθμοί

0	**1**	**2**
cero	uno	dos
μηδέν	ένα	δύο

3	**4**	**5**
tres	cuatro	cinco
τρία	τέσσερα	πέντε

6	**7**	**8**
seis	siete	ocho
έξι	εφτά	οκτώ

9	**10**	**11**
nueve	diez	once
εννιά	δέκα	έντεκα

12

doce

δώδεκα

13

trece

δεκατρία

14

catorce

δεκατέσσερα

15

quince

δεκαπέντε

16

dieciséis

δεκαέξι

17

diecisiete

δεκαεφτά

18

dieciocho

δεκαοκτώ

19

diecinueve

δεκαεννέα

20

veinte

είκοσι

100

cien

εκατό

1.000

mil

χίλια

1.000.000

millón

εκατομμύριο

inglés

Αγγλικά

inglés americano

Αμερικάνικα Αγγλικά

chino mandarín

Μανδαρίνικα Κινέζικα

hindi

Χίντι

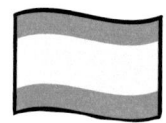

español

Ισπανικά

francés

Γαλλικά

árabe

Αραβικά

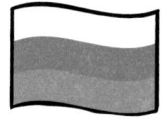

ruso

Ρώσικα

portugués

Πορτογαλικά

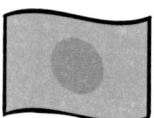

bengalí

Μπενγκάλι

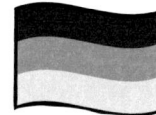

alemán

Γερμανικά

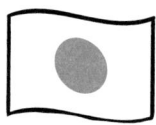

japonés

Ιαπωνικά

yo

εγώ

tú

εσύ

él / ella

αυτός / αυτή / αυτό

nosotros

εμείς

vosotros

εσείς

ellos

αυτοί / αυτές / αυτά

¿quién?

ποιος / ποια / ποιο;

¿qué?

τι;

¿cómo?

πώς;

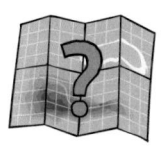

¿dónde?

πού;

¿cuándo?

πότε;

nombre

όνομα

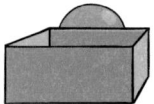

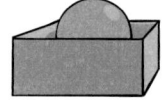

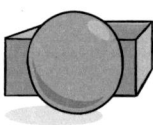

detrás

πίσω

en

μέσα

delante de

μπροστά

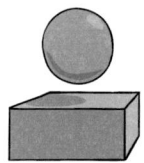

por encima de

πάνω από

sobre

πάνω

debajo de

κάτω

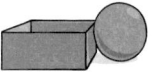

junto a

δίπλα

entre

ανάμεσα

lugar

μέρος